BEI GRIN MACHT SICH IHR WISSEN BEZAHLT

AF140789

- Wir veröffentlichen Ihre Hausarbeit,
  Bachelor- und Masterarbeit

- Ihr eigenes eBook und Buch -
  weltweit in allen wichtigen Shops

- Verdienen Sie an jedem Verkauf

Jetzt bei www.GRIN.com hochladen
und kostenlos publizieren

Bibliografische Information der Deutschen Nationalbibliothek:

Die Deutsche Bibliothek verzeichnet diese Publikation in der Deutschen National-
bibliografie; detaillierte bibliografische Daten sind im Internet über http://dnb.d-
nb.de/ abrufbar.

Impressum:

Copyright © 2019 GRIN Verlag
Druck und Bindung: Books on Demand GmbH, Norderstedt Germany
ISBN: 9783668996137

Dieses Buch bei GRIN:

https://www.grin.com/document/493635

Daniel Raff

Verschiedene Sektoren der Geldwäsche. Zwischen Wolkenkratzern und organisierter Kriminalität

GRIN Verlag

GRIN - Your knowledge has value

Der GRIN Verlag publiziert seit 1998 wissenschaftliche Arbeiten von Studenten, Hochschullehrern und anderen Akademikern als eBook und gedrucktes Buch. Die Verlagswebsite www.grin.com ist die ideale Plattform zur Veröffentlichung von Hausarbeiten, Abschlussarbeiten, wissenschaftlichen Aufsätzen, Dissertationen und Fachbüchern.

Besuchen Sie uns im Internet:

http://www.grin.com/

http://www.facebook.com/grincom

http://www.twitter.com/grin_com

Abstract

Wie Geldwäsche vorhandene Finanzstrukturen untergräbt und wie dabei u.a Immobilengeschäfte organisierter Kriminalität helfen, ihre illegalen Vermögen zu reinvestieren.

In den letzten Jahren ist ein massiver Anstieg der Geldwäschedelikte festzustellen. Gleichzeitig blühen Bitcoins, Immobilienwerte und Off- Shore Konten auf wie nie zuvor.

Gliederung

1. Vorwort

Walter White, ein krebskranker Chemielehrer, gerät aufgrund seiner Lungenerkrankung und seiner belasteten Familiensituation in eine finanzielle Notlage. Um diesem Missstand entgegenzuwirken, startet er gemeinsam mit einem ehemaligen Schüler eine prosperierende Methamphetaminproduktion. Das daraus akquirierte Vermögen versucht White unter anderem auch durch den Betrieb einer Autowaschanlage als herkömmliche Einnahmequelle auszuweisen.

(US-amerikanische Krimi-Drama-Fernsehserie Breaking Bad)

Nicht nur auf der Leinwand, sondern auch in der Realität nimmt Geldwäsche beständig ein größeres Ausmaß an.

Mittlerweile ist das durchaus komplexe Thema Geldwäsche global und medial allgegenwärtig und somit auch in der Mitte der Gesellschaft angekommen.

2017 wurden allein in Deutschland 59.845 Fälle im Zusammenhang mit Geldwäsche gemessen, im Vergleich 2010 lediglich 11.712. [1]

Wie kommt es zu diesem starken Anstieg?

Liegen die Ursachen möglicherweise in immer komplexer werdenden, kontinentübergreifenden Finanzstrukturen, die Kriminellen Hintertüren öffnen?

Gibt es überhaupt noch wirksame Maßnahmen diese Entwicklung aufzuhalten?

Im Rahmen dieser Facharbeit beleuchte ich verschiedene Sektoren der Geldwäsche, die in den letzten Jahren, insbesondere im heutigen *Zeitalter der Digitalisierung* immer mehr an Bedeutung gewonnen haben: Geldwäschestrukturen im Internet sowie mögliche Schlupfwinkel der Immobilienbranche.

Ferner erläutere ich in diesem Kontext den rechtlichen Rahmen, in dem europäische und deutsche Behörden handeln und versuche, die Maßnahmen gegen Geldwäsche vereinfacht darzustellen.

---

[1] Statista, 2019

2. Begriffsdefintion und historischer Hintergrund

Gemäß dem Gabler Wirtschaftslexikon handelt es sich bei Geldwäsche um:

> *„verdecktes Einschleusen illegal erworbener Vermögenswerte in den legalen Wirtschaftskreislauf, v.a. im Bereich der Drogen- und der Organisierten Kriminalität. (..)"*[2]

Der Begriff *Geldwäsche* entspringt den kriminellen Strategien des Mafiabosses Al Capone, der in den 30er Jahren in den USA zur Zeit der Alkoholprohibition in Chicago seine illegal erwirtschafteten Gewinne (z.B aus Drogenhandel, Schutzgeld) u.a in verschiedene Waschsalons (sogenannte *laundromats*)[3] investierte und somit dort nicht nur Wäsche, sondern auch sein illegales Vermögen „waschen" ließ. Somit war sein „schmutziges" Geld mithilfe eines gewöhnlichen Gewerbes als legales Geschäft ausgewiesen. [4]

Amerikanische Ermittlungsbehörden ermittelten jedoch hauptsächlich wegen diversen anderen Delikten der Organisierten Kriminalität (Clankriminalität, Drogenhandel) gegen ihn und konnten ihn letztendlich wegen Steuerhinterziehung verhaften, da er die Herkunft seines Vermögens nicht nachweisen konnte. [5] Al Capone gilt als *Vorläufer der Geldwäsche*, er prägt bis heute weltweit den Begriff der Geldwäsche. In den 80er Jahren war Geldwäsche in den USA erstmalig als schwere Straftat angesehen. [5] Dies war begründet mit der Prävention von stetig wachsenden, einflussreichen, internationalen Drogenringen und sollte somit durch die Beschlagnahmung ihres Vermögens deren Machtposition signifikant schwächen. Zudem sollte das konfizierte Kapital die Staatskasse auffüllen.

Der amerikanische Geldwäschekampf wurde bald global weitergetragen: 1988 verabschiedeten die UN die Wiener Drogenkonvention, die alle Unterzeichnerstaaten dazu verpflichtete, Geldwäsche als Straftat in die nationalen Gesetze aufzunehmen. 1991 wurde erstmalig eine EU-Richtlinie zur Bekämpfung der Geldwäsche verabschiedet, die ebenfalls verpflichtend von den europäischen Mitgliedsstaaten in nationales Recht umgesetzt wurde. So kam es, dass 1992 zum ersten Mal in deutschen Gesetzen *Geldwäsche* als Straftat aufgelistet wurde - im Geldwäschegesetz (GwG) und in § 261 des Strafgesetzbuches. Nach den Terroranschlägen des 11. Septembers 2001 waren Ermittler schnell überzeugt, gewaschenes Geld werde auch zur Finanzierung des Terrorismus genutzt. Dadurch wurde eine globale Verschärfung gegen die Geldwäscheverfolgung ausgelöst. [5]

---

[2] Berwanger, Dr. Dr. Jörg. Geldwäsche- Definition. Gabler Wirtschaftslexikon. Springer Gabler Verlag (Hrsg.), Wiesbaden. https://wirtschaftslexikon.gabler.de/definition/geldwaesche-33890 (Aufruf 26.04.2019; 15:14)
[3] Vgl. Die Zeit, 2004 Al Capone und der Waschsalon 18. November 2004 Quelle: DIE ZEIT, 48/2004. https://www.zeit.de/2004/48/Al_Capone_und_der_Waschsalon (Aufruf 26.04.2019; 15:16)
[4] Vgl. Finanzmarktaufsicht: Geldwäsche (Fachbuch). 2014. LexisNexis ARD ORAC, Wien; Auflage: 1. Auflage, Stand: März 2014, zitiert von Tangl, Margit (2016) S.3
[5] Vgl. Quedenfeld, 2017 S.23f

3. Drei- Phasen Modell zur Geldwäsche

Mithilfe unterschiedlicher Methoden kann es Kriminellen gelingen, illegal erwirtschaftetes Vermögen in den herkömmlichen Wirtschaftskreislauf zu integrieren und somit dessen Herkunft zu verschleiern. Ein bekanntes Modell hierfür ist das sogenannte *Drei-Phasen-Modell* der US- Zollbehörden zur Veranschaulichung der Funktionsweise von Geldwäsche.

Bei diesem Modell wird der Prozess der Geldwäsche grundsätzlich in drei verschiedene Phasen unterteilt, die sich dabei jeweils ergänzen und je nach Ausführung überschneiden können.

Das Modell stellt vereinfacht die Geldwäschegrundlagen dar, entstammt aber aus den anfänglichen Bekämpfungsstrategien, insbesondere im früheren Zusammenhang mit dem Waschen von Bargeldvermögen im Bereich der Drogenkriminalität. Somit spiegelt dieses Modell kaum mehr das rein kriminologischen Konzept der Geldwäsche wider, welchem das Geldwäschegesetz heute zugrunde liegt. Allerdings ist dieses Modell das meistbekannte und typischste und hat sich besonders bei Grundlagenwissen als geeignet bewährt. [6]

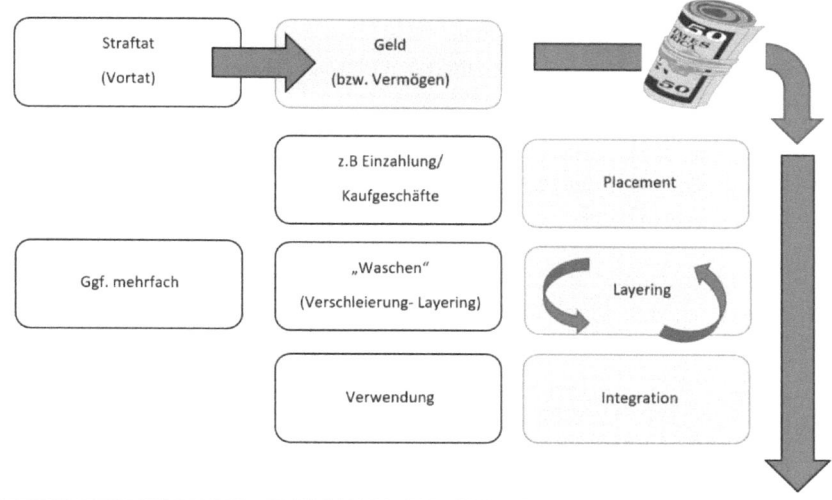

(aus Krais, 2018. S.22, Abb.1. Layout von mir erstellt)

---

[6] Vgl. Krais, 2018. S.23

5

1. Phase: Einspeisung- Platzierung *(placement)*

> *„In der Platzierungsphase geht es um die einmalige Einführung von inkriminiertem Bargeld in den Wirtschaftskreislauf, ohne dass dadurch bereits eine Entscheidung über dessen endgültige Anlage getroffen wird oder werden soll"* [7]

Diese Phase dient grundsätzlich der Integration von illegal erworbenem Bargeld in den herkömmlichen Wirtschaftskreislauf. Buchgeld (virtuelles, digitales Geld, z.B durch kleinere Einzahlungen auf unterschiedlichen Bankkonten) wird umgewandelt und unter anderem mit Gewinnen und Finanzen legaler Gewerbe und Firmen vermischt, sodass der Ursprung verschleiert und es Finanzaufsichtsbehörden erschwert wird, dieses Vorgehen zu entdecken und eine Strafverfolgung einzuleiten.

Hierbei kann der Akteur unteranderem durch sogenanntes *Smurfing* das illegale Vermögen in kleineren Teilbeträgen auf unterschiedlichen Konten aufteilen, um Schwellenwerte für Legitimationsprüfungen der Banken im Rahmen ihrer Geldwäsche- Compliance (engl. für Gesetztes/Regelkonformität) zu unterlaufen[8].

Jedoch besteht beim Smurfing ein höheres Risiko entdeckt zu werden, da bei einem Betrag über 12.500 Euro Banken verpflichtet sind, einen Herkunftsnachweis fordern und bei häufigen, ungewöhnlichen Bareinzahlungen Anzeige erstatten. [9]

Für diese Umwandlung werden häufig kurzfristige, bzw. schnelle Anlagemöglichkeiten wie z.B Fahrzeuge, Edelsteine, Gold oder andere Güter als Mittel genutzt, die kurzfristig zu Geld umgewandelt werden können.

---

[7] Suendorf, 2001. S. 162ff

[8] Vgl. Krais, 2018. S.22f

[9] Gemäß § 67 Abs. 2 AWV (Außenwirtschaftsgesetz)
Verfügbar: https://www.gesetze-im-internet.de/awv_2013/__67.html (Aufruf 02.04.19; 17:05 Uhr)

2. Phase: Layering (Verschleierung)

In der Verschleierungsphase wird inkriminiertes Vermögen auf unterschiedlichste Weise angelegt und durch eine hohe Anzahl an Transaktionen verdeckt, um Spuren zu verwischen und das Vermögen bestmöglich zu streuen. Zu diesem Zweck nutzen Kriminelle zahlreiche Methoden wie z.B Briefkastenfirmen, Scheingeschäfte oder Auslandsüberweisungen in Länder mit lockeren Gesetzesbestimmungen, um es Behörden schwer zu machen, die einzelnen Transaktionen nachzuvollziehen. Für Fahnder wird es schließlich fast unmöglich, dass Vermögen unmittelbar mit einer Straftat in Verbindung zu setzen.

Structuring

Durch sog. *Structuring* können auch durch illegal erwirtschaftetes Bargeld bezahlte Güter, z.B Kunstwerke, Fahrzeuge, Wertgegenstände (Schmuck o.Ä.) schnell weiterverkauft werden, um das illegale Geld in ein legales, sauberes Geschäft umzuwandeln und dieses letztendlich zu anonymisieren.

Für den Täter spielt es somit keine Rolle ob das Gut unter dem regulären Marktwert verkauft wurde oder nicht, da er durch den Käufer Geld aus einer legalen, unverdächtigen Quelle erhält. [10]

3. Phase: Integration/Rückführung (integration)

Das primäre Ziel hierbei ist die vollständige Integration des „gewaschenen" Vermögens in den Wirtschaftskreislauf, um den Anschein zu erwecken, man habe dieses Kapital durch gewöhnliche wirtschaftliche Aktivität legal akquiriert. [11]Der Täter strebt somit eine möglichst risikofreie und reibungslose Wiederverwendung des Vermögens an, indem er wieder in legale Geschäfte investiert. Beispiel hierfür sind u.a Immobilen, Aktien oder Wertgegenstände (siehe placement und layering).

---

[10] Vgl. Artikel: Geldwäsche einfach erklärt! Mit vielen anschaulichen Beispielen.
https://www.finanzfluss.de/was-ist-geldwaesche/#Structuring (Aufruf 02.04.19; 17:10 Uhr)
[11] Vgl. (Kommentar) Leitner / Rosenau (Hrsg.).Wirtschafts- und Steuerstrafrecht.2017. Nomos Verlag, Baden-Baden. ISBN 978-3-8487-1220-5. §261, Rn.5 zitiert von Löppen, 2017.S.16

4. Beispiele für Geldwäscheoperationen

4.1 Immobilen als Schlupfwinkel

Bei einem Gesamtmarkvolumen von mehr als 200 Milliarden Euro[12], sind Immobilien bei Geldwäschern durchaus beliebt, da hier beachtliche Vermögenswerte und insbesondere Bargeldsummen (Mieterzahlungen, Verbuchungen von Mieterzuschüssen als Bareinahmen) transferiert und u.a auf einen Schlag in den Finanzmarkt integriert werden können. Zudem wird mit wertstabilen Objekten gehandelt, die langfristiger als Deckmantel für Schwarzgeld dienen können. Hierbei können Anleger ihre Identität und die ihres Investitionsvermögens gut verschleiern. Jedoch bleiben noch viele Methoden für Behörden unbekannt, da es unzählige Möglichkeiten gibt, verschleiert zu handeln. Bekannte Möglichkeiten zur Herkunftsverdeckung sind zum einen komplexe Eigentümerstrukturen (siehe 4.1.1b), die es Kriminellen ermöglichen, unbemerkt mit inkriminiertem Kapital in legale Strukturen zu investieren.[13]

4.1.1 Methoden

a) Loan- Back Methode

Bei dieser Methode gewähren Straftäter sich selbst einen Kredit, meist über ausländische Offshore-Gesellschaften, die von ihnen oder von ihrem kriminellen Netzwerk kontrolliert werden. Hier wird häufig investiert, da diese Gesellschaften oft in sog. Steueroasen sitzen. Diese werden als scheinbar "bedürftiger" Kreditgeber genutzt, um anschließend das Darlehen für den Kauf von Immobilien zu verwenden- die Rückzahlung erfolgt mit „legalen" Mitteln. Dieser Prozess verbirgt die wahre Herkunft der Mittel und verleiht den Darlehensrückzahlungen den Anschein von Legitimität. [14]

b) Methoden im Rahmen der Vermietung und Verwaltung von Immobilien

Mithilfe manipulierter Mietverträge und gefälschter Dokumente können Kriminelle über sogenannte *Phantommieter* Scheinidentitäten schaffen und ggf. Schwarzgeld als herkömmliche Mieteinnahme ausweisen.

Bei Mietkautionen kann die Rückzahlung dieser Mieteinnahmen bar transferiert werden. Zudem kann die einbehaltene Kaution, verwendet als Einnahme für fiktive Schäden und angebliche Abnutzung, als offizielle Einnahme verbucht werden, um somit das illegale Vermögen weiter zu verschleiern.

---

[12] Heidenreich, 2019
[13] Vgl. BKA, 2012. S.3
[14] Vgl. Artikel (englisch) LOAN BACK: Money laundering methods. Australian Transaction Reports and Analysis Centre (AUSTRAC) 02.06.2015. http://www.austrac.gov.au/sa-brief-real-estate-ml-methods (Aufruf 15.04.2019; 09:12)

Mit Investitionen in Fonds in Steueroasen können anschließend mit diesem Kapital *legal* Immobilen erworben werden. Durch eine Vermietung werden Mieteinnahmen generiert, *reguläre Mieteinnahmen* - und die Täter erhalten beim Verkauf der Immobilie schließlich ihren Erlös – es scheint eine legitime Transaktion zu sein. Komplexe Gesellschaftsstrukturen über Dienstleistungsunternehmen im Bereich der Hausverwaltung können zusätzlich die Zahlungsströme und Identitäten der Akteure verschleiern.

c) Anwälte, Steuerberater, Amtsgerichten und Notare

Diese Berufsgruppe kann insofern in ihrer Funktion missbraucht werden, da diese aufgrund ihrer Stellung besseren Zugang zu Finanzinstitutionen hat und somit von Kriminellen als sog. *Gatekeeper* bzw. *Schleusenwärter* zur Geldwäsche benutzt werden kann.

Häufig sind anscheinend auch Immobilienmakler Opfer von Geldwäschern, da die Grenze zwischen Transaktion und Geldwäsche oft verschwimmt und nur wenige Fälle überhaupt gemeldet werden. [15]

d) Verkäufe

Die bekannteste Methode ist das kurzfristige Kaufen und Verkaufen von Immobilen. Allerdings handelt es sich dabei um einen häufigen Indikator von Geldwäsche, sodass die Ermittlungsrate hoch ist. Dabei wird gemeinsam mit zusammengehörigen oder zusammenarbeitenden Parteien zu unterschiedlichen Preisen diese Immobilen verkauft bzw. gekauft. Eine weitere Methode ist die Übertragung oder der Erwerb wirtschaftlichen Eigentums z.B über die *Grundschuld* (finanzielle Sicherheit zur Absicherung gegen eine Zahlungsunfähigkeit des Käufers) der jeweiligen Immobile mithilfe sog. *Strohmänner* (Personen, die von einer anderen vorgeschickt werden, um in deren Auftrag und Interesse ein Geschäft zu machen). Die realen finanziellen Verhältnisse sind dabei nicht für außenstehenden Parteien sichtbar. [16]

---

[15] Heidenreich, 2019
[16] Vgl. BKA, 2012. S.9

e) Immobilienbewertung

Durch Falschbewertungen des Immobilienwertes durch manipulierte Bewertungsparameter kann der Verkehrswert mit zusätzlichem, inkriminiertem Kapital aufgestockt werden, um somit letztendlich den Anschein zu erwecken, diese höhere Summe entspräche der (manipulierten) „Bewertung". [17]

f) Sanierung

Durch bar gezahlte Sanierungs- oder Baumaßnahmen können durch gezielte Manipulation Gelder vertuscht bzw. durch Schwarzgeld aufgestockt werden. Jedoch besteht hierbei ein erhöhtes Risiko, entdeckt zu werden, da hier auch Handwerker, Architekten oder Bauleiter involviert sind, welche die Operation auffliegen lassen könnten. Diese manipulierten, bar bezahlten Geldwäscheoperationen können ebenfalls beim Erwerb von stark renovierungsbedürftigen Immobilien, sog. *Schrottimmobilen*, angewendet werden und anschließend von Einzelparteien regulär verkauft werden. [18]

g) Auslandskonten

Zudem können auch *Off-Shore Konten* (vertrauliche, meist geheime Finanzplätze, in einem Land mit geringfügiger Finanzaufsicht) im Ausland genutzt werden, um die Strafverfolgung zu erschweren (s. placement). Briefkastengesellschaften (rechtlich existierende Unternehmen, jedoch ohne realen Geschäftsbetrieb spielen hierbei eine wichtige Rolle, weil sie zur Verschleierung genutzt werden können.

4.1.2 Verdachtsmeldungen

Die Anzahl der Verdachtsmeldungen in Bezug auf Immobiliengeschäfte in Deutschland ist eher gering. So wurden beispielsweise 2010 bei einem gesamten Transaktionsvolumen von rund 22 Mrd. Euro und einer Gesamtzahl von 11.042 Verdachtsmeldungen nur 292 Meldungen im Zusammenhang mit Immobilen (2,6 %) vermerkt. [19] Dies resultiert aus unzureichender bzw. verlangsamter Arbeit mit Hinweisen seitens der Banken und aus dem Personalmangel vieler Geldwäscheorganisationen z.B der FIU (Financial Intelligence Unit) des deutschen Zolls. Jedoch seien 30 Milliarden Euro allein 2017 im deutschen Immobiliensektor gewaschen worden. [20]

---

[17] Vgl. BKA, 2012. S.10
[18] Vgl. BKA, 2012. S.10
[19] BKA, 2012. S.3
[20] Vgl. Mulke, Wolfgang. Deutsche Immobilien waschen Geld. Taz, Berlin. 7. 12. 2018
http://www.taz.de/!5557288/ (Aufruf 24.04.19; 12:29)

Begünstigt sei dies durch Schlupflöcher im Transparenzregister (eintragungspflichtige Transparenzpflichten auf dem Finanzmarkt gemäß der Vierten EU-Geldwäscherichtlinie) und der Tatsache, dass Notare und Makler wenig Fälle überhaupt an zuständige Finanzaufsichtsbehörden weiterleiten. [21] [22]

„Knapp 50 000 Meldungen kamen von Banken, von Maklern nur 21"[23] (FIU, 2019)

4.2 Das Ausmaß der Geldwäscheoperationen im Internet

4.2.1 Online- Gaming – Fallbeispiel Fortnite

2018 entdeckte die Cybersicherheitsfirma „Sixgill", dass in großen Mengen gestohlene Kreditkartendaten verwendet wurden um in dem populären und insbesondere bei Kindern und Jugendlichen beliebten Videospiel „Fortnite" In-Game-Währung (sog. V-Bucks) zu erwerben. [24]

4.2.2 Micro- Laundering über digitale Zahlungssysteme

Micro- Laundering beschreibt den für Behörden teilweise undurchsichtigen digitalen Vorgang tausender kleiner elektronischen Zahlungen, die über Plattformen wie z.B PayPal abgewickelt werden, um möglichst anonym Geldwäsche zu betreiben. [25] Hierbei versucht der Täter, ähnlich wie beim *Smurfing*, kleine Zahlungen unter dem entsprechenden Schwellenwert zu tätigen - und es somit den Finanzaufsichtsbehörden zu erschweren, legale digitale Transaktionen von illegalen zu unterscheiden.

Laut einer Datenerfassung in Online-Foren und Interviews mit Experten und Cyberkriminellen wird deutlich, dass schätzungsweise 10% der Cyberkriminellen *PayPal* zur Geldwäsche nutzen. Weitere 35% nutzen andere digitale Zahlungssysteme, darunter *Skrill* (englischer

---

[21] Vgl. Heinzelmann, Regula. Grundlagen des Transparenzregisters nach GWG. Haufe- Gruppe, Freiburg im Breisgau. https://www.haufe.de/compliance/recht-politik/transparenzregister-gwg/transparenzregister-gwg_230132_435894.html (Aufruf 24.04.19; 12:29)

[22] Vgl. Artikel: hej/dpa-AFX. So schmutzig ist der deutsche Immobilienmarkt. Spiegel Online, Hamburg. 07.12.2018 https://www.spiegel.de/wirtschaft/soziales/immobilen-geldwaesche-in-deutschland-nimmt-zu-a-1242486.html (Aufruf 24.04.19; 12:28)

[23] Heidenreich, 2019

[24] Artikel (englisch): How children playing Fortnite are helping to fuel organised crime. The Independent, London 13 January 2019, https://www.independent.co.uk/news/fortnite-v-bucks-discount-price-money-dark-web-money-laundering-crime-a8717941.html (Abruf 22.04.19 12:33)

[25] Vgl. Carole, Jennifer. How Digital Payment Systems Like PayPal Are Used for Money Laundering. Part 3. 21.03.2019. Bromium US, Cupertino, California. https://www.bromium.com/digital-payment-systems-like-paypal-money-laundering-part-3/ (Aufruf 23.04.2019; 19:30)

Geldtransferdienst), *Xoom* (ein *PayPal*-Service) und mobile Zahlungssysteme wie *M-Pesa*[14] (ein kenianischer, mobiler Geldtransferdienst)[26].

Dr. McGuire, Senior Dozent für Kriminologie an der Surrey University in Surrey, England meint, die zunehmende Nutzung digitaler Zahlungssysteme durch Cyberkriminelle schaffe erhebliche Probleme für das globale Finanzsystem. Erträge, die bisher in bewährte und etablierte Bankensysteme eingeflossen seien und zurückverfolgt werden konnten, lägen nun außerhalb der Zuständigkeit von Bank- und Kreditinstituten.

„While the financial industry is working to get their arms around crypto currency in a way that falls in line with global economic regulations and practices, due to the complexity and how cryptocurrency has no borders, we aren't likely to see a solution in the near term.“[125]

-Dr. Mc Guire

Trotz der angestrebten Involvierung vieler Banken in digitale Zahlungsmethoden wie z.B in Kryptowährungen (mit gewünschten regulierten und kontrollierten Transaktionen) ist es aufgrund der Komplexität und Anonymität von Kryptowährungen schwierig und mühselig, effektive Präventionsmaßnahmen zu finden, um einen regulierten, dezentralen Finanzmarkt zu schaffen. Kriminelle finden immer neue Schlupfwinkel, Zahlungssysteme zu missbrauchen und durch Länder mit korrupter Politik und Wirtschaft erhebliche Mengen an Bargeld in diesen Digitalmarkt zu schleusen.

4.2.3 Kryptowährungen- Beispiel Bitcoin

Da *Bitcoins* (dezentrales, digitales Geld), u.a von Kriminellen genutzt werden, um anonym und ohne rechtliche Regularien, beliebige Summen virtuell zu transferieren, sind in den Jahren immer mehr Fälle, in denen Kriminelle nach Ransomware-Angriffen (Erpressung von Datenbanken), Drogenhandel, Cyberbetrug und Waffenhandel eine beträchtliche Menge *Bitcoins* ausgezahlt haben, aufgetreten. Ebenso werden Kryptowährungen von kriminellen Netzwerken genutzt, um Geldwäsche zu betreiben.

Regulierungsbehörden und Gerichte der USA haben große Schwierigkeiten, virtuelle Währungen wie *Bitcoin* für Gesetzte und Durchsetzungen in Strafverfahren als "Währung" oder "Fonds" zu definieren. Ebenfalls ist in den Gesetzen zur Bekämpfung der Geldwäsche auf

---

[26] Pressemitteilung: Vodafone Group Services Limited UK.
https://www.vodafone.com/content/index/what/m-pesa.html (Aufruf 23.04.2019; 19:31)

Bundes- und Landesebene innerhalb der USA und im korrespondierendem Bankengeheimnis BSA (Bank Secrecy Act) nicht ganz klar, was dieser Terminus beinhaltet und was nicht.

In mehreren Fällen der letzten Jahre konnten die Bundesanwälte *Bitcoin*-Nutzer unter anderem wegen Geldwäsche erfolgreich ins Gefängnis schicken. Vor allem wurde Ross Ulbricht, der kriminelle Betreiber des berüchtigten Darknet-Drogenmarktes *Silk Road*, am 9. Juli 2014 bundesstaatlich verfolgt und wegen Geldwäsche und anderer Vorwürfe zu lebenslanger Haft verurteilt. U.S. Bezirksrichterin Katherine Forrest entschied, dass "Fonds", wie in 18 U.S.C. § 1956(c)(4) angegeben, alles beinhalten, was "verwendet werden kann, um Dinge zu bezahlen", und da Bitcoins gegen Drogen über The Silk Road gehandelt wurden, "kann man mit Bitcoin Geld waschen." [27]

Darüber hinaus gab das *Financial Crimes Enforcement Network* 2013 eine Richtlinie heraus, die folgendes klarstellte: *"virtual currency exchangers constitute 'money transmitters' under its regulation."* Somit waren auch Geschäfte mit unlizensiertem Geldtransfer und die Verwicklung Bitcoinbörse in Geldwäsche als illegal deklariert (vgl. Fall Robert Faiella 2014). [28]

5. Auswirkungen auf den Finanzmarkt

Eine zentrale Folge ist die Entstehung einer langfristigen und nachhaltigen Wachstumsblockade, da Geldwäsche die Glaubwürdigkeit wirtschaftlicher Transaktionen und deren Rechtssicherheit negativ beeinflusst. Hierzu tragen auch korrupte Beamte und Wirtschaftsträger bei, die bei Geldwäscheoperationen Kriminelle unterstützen, das System zu umgehen. Ökonomischer Schaden entsteht, da die Konkurrenzfähigkeit enorm beeinflusst wird: Vermeintlich legale Investitionen aus gewaschenem Kapital werden getätigt und müssen somit ihre *sauberen* Konkurrenten, die Gewinne aus Eigenkapital erst erwirtschaften müssen, überbieten können. Risiken sind zum einen eine Infiltration der vorherrschenden, legalen Wirtschaftsstrukturen und die Abhängigkeit von wirtschaftlich schwachen Staaten wie z.B Entwicklungsländer oder korrupten Staaten mit hoher Kriminalitätsrate. [29]

Durch Geldwäsche bleiben zudem die bestehende Finanzmarktintegrität und die Sicherheiten wie z.B ökonomische Unbestechlichkeit angreifbar. Dies ist vorhersehbar, da bei gewa-

---

[27] Vgl. Troeller, Lauren: Bitcoin and Money Laundering, 36 REV. BANKING & FINANCIAL LAW. 159 (2016) University of Boston- School of Law. S. 164ff. https://www.bu.edu/rbfl/files/2017/03/DA-13.pdf (Aufruf 27.04.2019; 12:36)

[28] Vgl. Artikel (englisch) Financial Service Law. 25.09.2014 https://www.manatt.com/insights/newsletters/financial-services-law/occ-publishes-final-guidelines-with-heightened-sta. Manatt Company, New York. (Stand 14.05.2019; 12:32)

[29] Vgl. Geldwäsche. Volkswirtschaftliche Auswirkungen der Geldwäsche. Wikipedia, Die freie Enzyklopädie. https://de.wikipedia.org/w/index.php?title=Geldw%C3%A4sche&oldid=187595360 (Aufruf 28.04.19; 15:44) (Bearbeitungsstand 15. April 2019)

schenem Geld nicht dieselben Marktmechanismen wirken wie bei legalen Finanzmitteln. Abgesehen vom ökonomischen Schaden, ist Geldwäsche eine Bedrohung der öffentlichen Sicherheit, da dieser Prozess auf die Behinderung zuständiger Behörden und deren Ermittlungen abzielt. [30] Somit werden die allgemeine Durchsetzungsfähigkeit und Kompetenz diverser Ämter in Frage gestellt.

6. Maßnahmen

6.1 Geldwäschegesetz (GwG) nach § 261 StGB- Aktuelle Fassung

(1) Wer einen Gegenstand, der aus einer [...] rechtswidrigen Tat herrührt, verbirgt, dessen Herkunft verschleiert oder die Ermittlung der Herkunft, das Auffinden, den Verfall, die Einziehung oder die Sicherstellung eines solchen Gegenstandes vereitelt oder gefährdet, wird mit Freiheitsstrafe von drei Monaten bis zu fünf Jahren bestraft. "[31]

Erst seit dem 25.10.1993 tritt das Geldwäschegesetz (GwG) in Deutschland in Kraft, zur „Verhinderung der Nutzung des Finanzsystems zum Zwecke der Geldwäsche". Folgende Konsequenzen waren die verpflichtende Identifizierung bei neuen Bankgeschäften durch Kredit- und Finanzinstitute sowie bei Einzahlungen ab 20.000 D-Mark in bar. Vermögensverwalter, Gewerbetreibende, wie auch Casinos mussten ebenfalls Bargeldtransaktionen gründlicher überprüfen und bei Verdacht auf Geldwäsche Anzeige erstatten. [32]

6.2 Fünfte EU- Geldwäscherichtlinie (Richtlinie 2018/843)

Als Reaktion auf die Terroranschläge in Paris am 13.November 2015 und Brüssel am 22. März 2016 sowie nach der Enthüllung der *Panama Papers* (Datenleck, das 2016 viele Steuer- und Geldwäschedelikte öffentlich preisgab) aktualisierte die EU die vierte Geldwäscherichtlinie, die jedoch den Trend zu virtuellen Währungen, z.B. *Bitcoins, Ethereum* und *Ripple*, kaum berücksichtigte. Diese gewährleisten angeblich die Anonymität der Beteiligten - was in der Praxis nicht unbedingt der Fall ist - und gelten als Mittel für Terrorismusfinanzierung. Inhalt der fünften Geldwäscherichtlinie ist eine Öffnung des Transparenzregisters, Einrichtung zentraler Bankkontenregister sowie eine rechtliche Anpassung auf virtuelle Wechselkurs-

---

[30] Vgl. Fus, 2017. Absatz 2.3. Ausmaße und Auswirkungen
[31] Zitiert nach: https://dejure.org/gesetze/StGB/261.html (Aufruf 22.04.19; 11:56)
[32] Vgl. Quedenfeld, 2017. S.31

plattformen und Anbieter digitaler Geldbörsen. Zudem verschärft sie die Sorgfaltspflichten seitens der Finanz- und Kreditinstitute noch mehr. [33] [34]

6.3 Anti- Geldwäscheorganisationen

FATF (Financial Action Task Force on Money Laundering)

Der 1989 in Paris gegründete *Arbeitskreis Maßnahmen zur Geldwäschebekämpfung (frz. Groupe d'Action financière)* entwickelt Bekämpfungsmaßnahmen für den globalen Finanzmarkt im Rahmen der Geldwäsche und Terrorismusfinanzierung und analysiert dabei bereits angewendete Mechanismen und Systeme von Kriminellen. Zudem gibt die FATF weltweit Empfehlungen (recommendations) und Strategien an ihre 34 Mitgliedsstaaten weiter, damit diese ihre nationalen Gesetzesbestimmungen anpassen und verbessern können. [35]

FIU (Financial Intelligence Unit)

In Deutschland ist die Financial Intelligence die Zentralstelle, die im Rahmen der Terrorismus- und Geldwäschebekämpfung 2001 gegründet wurde und beim Bundeskriminalamt (BKA) angesiedelt für Finanztransaktionsuntersuchungen handelt. Seit 2017 ist die in ihrer Funktion autonome Dienststelle dem Zollkriminalamt zugehörig. [36] International ist die FIU ein Begriff für die jeweiligen staatlichen Anti-Geldwäscheorganisationen gegen Terrorismusfinanzierung in Finanztransaktionen. [37]

BaFin (Bundesanstalt für Finanzdienstleistungsaufsicht)

Diese Finanzmarktaufsichtsbehörde kontrolliert sämtliche Bereiche innerhalb des deutschen Finanzwesens, jedoch nicht deutsche Großbanken- dies ist seit 2014 Aufgabe der EZB (Euro-

---

[33] Heinzelmann, Regula. Die 5. EU - Geldwäscherichtlinie in der Umsetzung. https://www.haufe.de/compliance/recht-politik/geldwaescherichtlinie_230132_468208.html. Vom 05.09.2018. (Abruf 30.04.19; 12:27)
[34] Vgl. Experten aus Aufsicht, Politik und Industrie diskutierten in Bonn- Erste Fachtagung zu Bekämpfung von Geldwäsche und Terrorismusfinanzierung. 18.12.2018. BaFin, Frankfurt am Main https://www.bafin.de/SharedDocs/Veroeffentlichungen/DE/Fachartikel/2018/fa_bj_1812_Fachtagung_Geldwa eschebekaempfung.html (Aufruf 15.05.19; 12)
[35] Vgl. Tangl, 2016. S.7
[36] Vgl. Bundeskriminalamt, Wiesbaden. Wechsel der Zuständigkeit der Financial Intelligence Unit (FIU) zur Generalzolldirektion: https://www.bka.de/DE/UnsereAufgaben/Deliktsbereiche/Geldwaesche/FIU/fiu.html (Stand 30.04.19; 12:29)
[37] Financial Intelligence Units (FIUs). https://egmontgroup.org/en/content/financial-intelligence-units-fius. (Stand 30.04.19; 12:32) Egmont Group. Toronto, Canada

päische Zentralbank) [38]. Ihr Kernziel ist zum einen die Wirtschaftsaussicht gegenüber Versicherungen, Banken und Wertpapierhandel und die Prävention von Geldwäsche über das deutsche Finanzsystem und der Terrorismusfinanzierung. Hierbei wacht die BaFin über die ordnungsgemäße Einhaltung geltender Gesetze seitens der Finanzinstitute.

7. Bewertung und Ausblick

Beim Lesen der Sekundärliteratur fällt auf, dass sich trotz strengerer Richtlinien und Präventionsmaßnahmen viele Probleme mit der Zeit nicht gebessert haben und Schlupfwinkel weiter bestehen. Beispiele hierfür ist z.b der schon 2012 auffallende Personal- und Schulungsmangel in der Geldwäschebekämpfung im Immobiliensektor, der 2017 von Spiegel Online kritisiert wurde[39]. Zwar sind Organisationen wie z.B die BaFin oder FIU vereinzelt bemüht, ihren Personalaufbau zu fördern, jedoch deckt sich die Anzahl der Meldungen nicht mit den Kapazitäten des Personals.

Dieses müsste darüber hinaus auch effizient und gezielt geschult werden, um besser auf Geldwäsche sensibilisiert zu sein.

Ein guter Anfang ist bereits schon die Ende 2018 abgehaltene *Fachtagung zu Bekämpfung von Geldwäsche und Terrorismusfinanzierung* der BaFin für Kredit- und Finanzdienstleister, die insbesondere die Problematik des Immobiliensektors beleuchtete. 80 Prüfungen im Zusammenhang mit Geldwäsche seien 2018 durchgeführt worden, man habe verstärkt Mängel verbessert und direkten Einblick in vorhandene Präventionssysteme der jeweiligen Institute.[40]

Insbesondere bei komplexen Netzstrukturen wie z. B Blockchain- Technologien in Kryptowährungen scheint es nahezu unmöglich, kontinentübergreifende Maßnahmen zu erzielen.

---

[38] Einheitlicher Bankenaufsichtsmechanismus – SSM. BaFin, Frankfurt am Main
https://www.bafin.de/DE/Aufsicht/BankenFinanzdienstleister/EUBankenaufsicht/SSM/ssm_node.html
[39] Vgl. Artikel: hej/dpa-AFX. So schmutzig ist der deutsche Immobilienmarkt. Spiegel Online, Hamburg.
07.12.2018 https://www.spiegel.de/wirtschaft/soziales/immobilen-geldwaesche-in-deutschland-nimmt-zu-a-1242486.html (Aufruf 24.04.19; 12:28)

[40] Erste Fachtagung zur Geldwäsche und Terrorismusfinanzierung. 18.12.2019. BaFin, Frankfurt am Main
https://www.bafin.de/SharedDocs/Veroeffentlichungen/DE/Fachartikel/2018/fa_bj_1812_Fachtagung_Geldwa
eschebekaempfung.html (Aufruf 15.05.19; 09:57)

Mögliche Maßnahmen

Gegen diese möglichen digitalen Schlupfwinkel kann leider meist wenig unternommen werden, da viele betroffene Dienste sich außerhalb des europäischen Raums befinden. Jedoch könnten mithilfe der EU europäischen Unternehmen strengere Regularien z.B bezüglich Auslandsinvestitionen oder ihrer Compliance auferlegt werden, um somit den länderübergreifenden Geldfluss besser zu kontrollieren und Geldwäsche (zumindest innerhalb Europas) vorzubeugen.

Ein Kernmaßnahme gegen Geldwäsche kann momentan eigentlich nur auf einer funktionierenden, europäischen, rechtlichen Ebene stattfinden, da nur hier effektive Regularien ausgehandelt werden können. Ansonsten sehen Institute und Unternehmen keinen bis wenig Handlungsbedarf, ihre Präventionssysteme zu verbessern- mehr Transparenz wäre nicht absehbar. Ein Schritt in die richtige Richtung ist meiner Meinung nach die novellierte fünfte Geldwäscherichtlinie, die ihren Fokus mehr auf digitale Problemstellungen wie z.B Kryptowährungen oder Zahlungsdienste legt.

Jedoch sind damit nicht alle „neuen" Probleme gelöst- aktuelle Verdachtsmeldungen der FIU belegen das Gegenteil- sondern es wird nur an der Oberfläche des Eisberges gekratzt. Insbesondere auf dem Immobiliensektor, in dem schätzungsweise zwischen einer und vier Milliarden Euro jährlich verschleiert und gewaschen[41] werden, sollte ein besonderes Augenmerk bei der juristischen Ausweitung liegen.

Nicht nur Partikularinteressen, sondern gemeinsame, europäische Lösungen führen letztendlich zu effektivieren Schritten gegen Geldwäsche und Korruption. Nicht nur Ermittlungsbehörden wie z.B Europol sollten Initiative ergreifen, sondern vor allem müssen sich große Finanzkonzerne und Immobilienfirmen verpflichtet fühlen, verdächtige Vorkommnisse unmittelbar weiterleiten.

Gemeinsames Handeln statt Abspaltung ist also gefragt. Dies ist aber natürlich auch eine komplexe politische Herausforderung.

---

[41] Heidenreich, 2019

8. Literaturverzeichnis

Statistik:

Anzahl der Verdachtsmeldungen nach dem Geldwäschegesetz in Deutschland von 1995 bis 2017. **Statista GmbH, Hamburg.** https://de.statista.com/statistik/daten/studie/77059/umfrage/verdachtsanzeigen-nach-dem-geldwaeschegesetz-seit-1995/ (Stand 30.04.19 15:07)

Printmedien:

Suendorf, Ulrike

Geldwäsche: eine kriminologische Untersuchung Neuwied; Kriftel: Luchterhand, 2001.

ISBN 9783472046073

Krais, Jürgen:

Geldwäsche und Compliance. Praxishandbuch für Güterhändler, C.H Beck Verlag, München, 2018.

ISBN 9783406680953

Heidenreich, Ralf

Kampf gegen Geldwäscher. Allgemeine Zeitung Mainz, VRM GmbH & Co. KG, Mainz, Ausgabe Nr. 106, Vom 11.05.2019, S. 1

Quedenfeld, Rüdiger

Handbuch Bekämpfung der Geldwäsche und Wirtschaftskriminalität. Erich Schmidt Verlag, Berlin. 4. Auflage 2017. ISBN 9783503170753

Onlinequellen:

Bundeskriminalamt, Referat SO 32

Managementfassung zur Fachstudie Geldwäsche im Immobiliensektor in Deutschland. BKA, Wiesbaden. 25. Oktober 2012.

https://www.bka.de/SharedDocs/Downloads/DE/UnsereAufgaben/Deliktsbereiche/GeldwaescheFIU/fiuFachstudieGeldwaescheImmobiliensektor.html (Aufruf 24.04.19; 12:20)

Tangl, Margit

Die Bekämpfung von Geldwäsche und Terrorismusfinanzierung im Lichte der 4. EU-Geldwäsche-Richtlinie. Master-Thesis (ULG), Universität Wien. Universitätslehrgang Europäisches u. Intern. Wirtschaftsrecht

https://othes.univie.ac.at/41296/ (Aufruf 10.04.19: 17:10)

Fus, Sven

Leseprobe: Sven Fus (Autor). Know Your Customer bei der Geldwäsche-Bekämpfung in Kreditinstituten. München. GRIN Verlag, 2017. https://www.grin.com/document/376512

(Aufruf 12.05.19; 13:25)

Löppen, Hanna

Die Geldwäsche- aktuelle Entwicklungen und ein Ausblick in die Zukunft. Bachelorarbeit Hochschule Anhalt (FH). Fachbereich Wirtschaft. 2017

http://dx.doi.org/10.25673/5876 (Aufruf 10.04.19: 18:15)